CATALOGUE

D'ESTAMPES

ANCIENNES

DES DIFFÉRENTES ÉCOLES

Provenant de la collection de M. C***

DONT LA VENTE AUX ENCHÈRES PUBLIQUES AURA LIEU

HOTEL DROUOT

SALLE N° 4

Les Vendredi 1er et Samedi 2 Février 1889,

À deux heures précises.

Me MAURICE DELESTRE	M. J. BOUILLON
COMMISSAIRE-PRISEUR,	Marchand d'Estampes de la Bibliothèque Nationale
27 rue Drouot, 27	SUCCESSEUR DE CLEMENT
	3, rue des Saints-Pères, 3

PARIS — 1889

CATALOGUE

D'ESTAMPES

ANCIENNES

DES DIFFÉRENTES ÉCOLES

Provenant de la collection de M. C***

DONT LA VENTE AUX ENCHÈRES PUBLIQUES AURA LIEU

HOTEL DROUOT

SALLE N° 4

Les Vendredi 1er et Samedi 2 Février 1889,

A deux heures précises.

Par le ministère de Me **MAURICE DELESTRE**, Commissaire-Priseur,
27, rue Drouot

Assisté de **M. J. BOUILLON**, marchand d'Estampes de la Bibliothèque Nationale,
rue des Saints-Pères, 3.

PARIS — 1889

CONDITIONS DE LA VENTE

La vente se fera au comptant,

Les acquéreurs payeront *cinq pour cent* en sus des enchères, applicables aux frais.

M. J. Bouillon, chargé de la vente, se réserve la faculté de rassembler ou de diviser les lots.

ORDRE DES VACATIONS

Vendredi 1er Février...................... Nos 1 à 203
Samedi 2 » .... 204 à la fin.

DÉSIGNATION

ESTAMPES ANCIENNES

ADAM (P.)

1 — Maladie de Las Casas, d'après Hersent.
Épreuve avant la lettre, sur chine.

ALDEGREVER (H.)

2 — Couple de danseurs (B., 165).
Belle épreuve.

ANONYME

3 — La Pucelle nonchalante.
Belle épreuve.

ARDELL (J.-M.)

4 — *Buckingham* (Georges et François de), représentés en
pied, sur une même feuille, d'après Van Dyck. In-fol.
Superbe épreuve avant toute lettre, marge.

AUDRAN, EDELINCK ET LEPAUTRE

5 — L'Architecture, — La Peinture, — La Musique, — La
Poésie. Suite de quatre pièces.
Belles épreuves.

BARTOLOZZI (F.)

6 — Jupiter et Io, d'après le Corrège, — La même composition, par C. du Change. Deux pièces.

7 — Miranda, d'après Meyer. In-8, de forme ovale.
Belle épreuve.

8 — Vénus allaitant l'Amour, d'après Reynolds, in-8 de
forme ovale.
Très belle épreuve avant la lettre.

BARTOLOZZI (F.)

9 — Vénus et Cupidon, en largeur.
Belle épreuve, sans marge.

10 — *Siddons* (M^{rs}), d'après H. Hone, in-4.
Très belle épreuve.

BAUDOUIN (d'après P.-A.)

11 — L'Enlèvement nocturne, par N. Ponce (E. B., 20).
Superbe et rare épreuve avant la lettre.

12 — Marton, par N. Ponce (31).
Très belle épreuve.

13 — Les Soins tardifs. Copie en contre-partie.
Épreuve avant la lettre.

14 — La Toilette, par N. Ponce (E. B., 48).
Belle épreuve avec l'adresse de Mme Baudouin.

15 — Marchez tout doux, parlez tout bas. — La Nuit, — Les
Amants surpris. Trois pièces gravées par Choffart, de
Ghendt, etc.

BELLA (Stephanus della)

16 — La Perspective du Pont-Neuf, à Paris.
Superbe épreuve du premier état, avec la girouette sur le clocher de
Saint-Germain-l'Auxerrois.

17 — La même estampe.
Très belle épreuve, avec la girouette.

BERTHAULT

18 — Vue intérieure de Paris, représentant le Port au Blé
depuis l'extrémité de l'ancien Marché aux Veaux jusqu'au
pont Notre-Dame, d'après l'Espinasse.
Superbe épreuve avant la dédicace.

19 — Vue intérieure de Paris, représentant le port Saint-Paul,
prise du quay des Ormes, vis-à-vis l'ancien bureau des
Coches d'eau, d'après l'Espinasse.
Très belle épreuve.

BINET (d'après)

20 — La Nourice élégante, par Dugast.
Belle épreuve.

BOILLY (L)

21 — La Vaccine, — La Bonne petite sœur, — La Vielleuse, —
Vous serez heureux en ménage. Quatre pièces.

BOILLY (d'après L.)

22 — L'Amant favorisé, par A. Chaponnier.
Très belle épreuve.

ROSA BONHEUR

23 — Taureau dans une prairie. Lithographie.
Belle épreuve.

BONINGTON (R.-P.)

24 — Pont de la Concorde. Eau-forte attribué à Bonington.
Épreuve sur chine.

25 — Vues d'Abbeville, — Bergues, — Brou, — Caen, —
Rouen. Neuf pièces tirées du *Voyage en France* du baron
Taylor.
Très belles épreuves.

BOSIO (D.)

26. — La Bouillotte.
Très belle épreuve.

BOSSE (ABRAHAM)

27 — Les Vierges folles et les Vierges sages (G. D., 43-49).
Trois pièces d'une suite de sept.
Très belles épreuves.

28 — *Larcher* (Michel) (G. D., 554).
Très belle épreuve.

29 — Jacques *Howel* ou *Owel*, en pied (G. D., 1243).
Très belle épreuve, marge.

BOSSE (Abraham)

30 — Le Mari qui bat sa femme (G. D., 1383).
Très belle épreuve.

BOUCHER (d'après F.)

31 — Le Berger récompensé, par R. Gaillard.
Très belle épreuve.

32 — Le Peintre.
Belle épreuve, sans marge.

33 — Le Fleuve Scamandre, par de Larmessin.
Très belle épreuve avant l'adresse de Buldet.

34 — Le Sommeil, — Le Réveil. Deux pièces faisant pendants, gravées par Huquier fils.
Très belles épreuves.

35 — Le Trait dangereux, par Poletnich.
Très belle épreuve, marge.

36 — Vase, — Triomphe d'Amours, — L'Astronomie, etc.
Cinq pièces par divers graveurs.

37 — La Toilette de Vénus, gravé aux trois crayons par
Demarteau (575).
Très belle épreuve.

38 — Buste de jeune fille, — L'Attention, — Études d'enfants.
Quatre pièces gravées à la sanguine, par Bonnet et De-
marteau.
Belles épreuves.

39 — Le Lit de repos, — Flore, — Vénus et l'Amour. Trois
pièces.
Belles épreuves.

40 — *Favart* (Mme). dans le rôle de Ninette. In-8.
Très belle épreuve avant l'inscription dans le haut.

BRACQUEMOND

41 — *Érasme* (Didier), d'après Holbein.
Épreuve d'essai, sur chine.

BRACQUEMOND

42 — *Meryon* (Ch.). In-8.
Très belle épreuve, marge.

BRY (J.-Th. de)

43 — La Fête vénitienne. Composition de forme ronde.
Très belle épreuve.

CALAMATTA

44 — Masque de Napoléon.
Epreuve d'artiste.

CALLOT (J.)

45 — La Passion de Notre-Seigneur. Suite de douze estampes
dont nous n'avons que neuf (M., 19-30).
Belles épreuves.

46 — Les Quatre banquets. Suite de quatre estampes (M.,
48-51).
Très-belles épreuves du premier état.

47 — La Vie de la sainte Vierge. Quatre pièces de cette suite.
(M., 76-89).
Belles épreuves du premier état.

48 — Les Péchés capitaux. Suite de sept estampes, dont nous
n'avons que six (M , 157-163).
Belles épreuves, avant les numéros.

49 — Le Parterre ou jardin de Nancy (M., 62!).
Superbe épreuve du premier état, avant l'adresse d'Israël Silvestre.

50 — Balli ou Cucurucu. Dix pièces de cette suite (M., 641-
664).
Très belles épreuves.

51 — La Petite treille (M., 710).
Très belle épreuve.

52 — Les Bossus ou Gobbi. Neuf pièces de cette suite (M.,
747-767).
Belles épreuves avant les numéros.

CARDON (ANT.)

53 — *Catalini* (Angelica), d'après Huet-Villiers, in-4.
Très belle épreuve.

CARICATURES

54 — Sujets tirés du *Bon genre* et autres. Six pièces en noir et couleur.

CARMONA (M.-S.)

55 — *Boucher* (François), d'après Roslin-le-Suédois, in-fol.
Belle épreuve.

CATHELIN

56 — *Pompadour* (la marquise de), d'après Nattier, in-4.
Belle épreuve.

CHASTILLON

57 — Saint-Denis, — Vertus,— Rosny,— Reims,— Montmor, — Meudon,— Lagny, — Houdan, — Gisaucourt, — Éper-nay. Dix pièces.

CHARDIN (d'après J.-B.-S.)

58 — Le Dessinateur, par J.-J. Flipart (E.-B., 18).
Très belle épreuve, marge.

59 — L'Ecureuse. Gravé en contre-partie de l'estampe de Cochin, mais avec tous les accessoires auprès du tonneau.
Superbe épreuve avant toute lettre.

60 — La Fontaine, par C. N. Cochin (E.-B., 21).
Très belle épreuve.

61 — La Gouvernante, par Lepicié, 1739.
Très belle épreuve.

62 — Le Jeu de l'oye, par Ph. Surugue (E.-B., 27).
Superbe épreuve, marge.

CHARLET (N.-T.)

63 — *Napoléon* à cheval, in-fol. en largeur.
Belle épreuve.

CHARLET ET RAFFET

64 — Costumes militaires et sujets tirés d'albums. Dix-huit
pièces.

CHÉREAU (J.)

65 — *Sévigné* (Marie de Rabutin-Chantal, marquise de),
in-8.
> Bonne épreuve.

COCHIN (Ch.-N.)

66 — *Louis XV*, en buste dans un médaillon entouré d'amours.
En-tête de livre.
> Rare épreuve à l'état d'eau-forte.

COCHIN (d'après Ch.-N.)

67 — *Chardin* (fra. Marg. Pouget, femme de), par Lau. Cars,
in-4.
> Très belles épreuves.

68 — *Favart* (Mme), actrice, par J.-J. Flipart, in 8.
> Belle épreuve, marge.

COCHIN ET GRAVELOT (d'après)

69 — *Louis XV*, deux portraits différents, gravés par L. Cars
et Prevost, in-8.
> Belles épreuves.

CORNILLIET (Alfred)

70 — Mozart à Vienne, d'après Hamman.
> Epreuve avant la lettre.

COSWAY (d'après R.)

71 — *Mrs Cosway*, par Schiavonetti, in-8.
> Superbe épreuve. Rare.

COUSINS (Samuel)

72 — Master *Lambton*, d'après Sir Th. Lawrence, in-fol.
> Belle épreuve.

COYPEL (d'après Сн.)

73 — *Pompadour* (la marquise de), in-fol. en manière noire, par R. Purcell, avec vers anglais en bas.

Ce portrait a été gravé aussi par Surugue sous le titre : *Mme de **** en *habit de bal* (Mme de Mouchy). Les vers qui se trouvent au bas de notre gravure donnent le nom de Mme de Pompadour.

DALEN (C. Van)

74 — *Arétin* (P.), d'après le Titien, in-fol.

Superbe épreuve avant la lettre.

75 — *Boccace*, d'après le Titien, in-fol.

Très belle épreuve avant la lettre.

DAVESNE (d'après)

76 — Les Prunes, par Vidal, en couleur.

Belle épreuve, sans marge.

DEBUCOURT (P.-L.)

77 — Les Galans surannés ou les petits Papas à la mode, 1804.

Très belle épreuve.

78 — Les Courses du matin ou la porte d'un riche, 1805.

Très belle épreuve.

79 — Recueil de têtes et coiffures modernes à l'usage des jeunes personnes qui dessinent. Trois pièces de cette suite.

Très belles épreuves avec marges. Rares.

DECAMPS

80 — Un mendiant (A. Moreau, 8).

Superbe épreuve sur chine. Rare.

DELAUNAY

81 — Paris pittoresque. Quatre-vingt-douze pièces.

82 — Vues de France, gravées à l'eau-forte. Sept pièces, avant la lettre.

DELFF (W.-J.)

83 — Louise de *Coligny*, princesse d'Orange, d'après Mie-reveld, in-fol.

Très belle épreuve, signée au verso : P. Mariette, 1640.

DELVAUX

84 — *Sévigné* (Marie de Rabutin-Chantal, marquise de), d'après Nanteuil, in-8.
Très belle épreuve.

DEMARTEAU

85 — Jeune femme assise faisant de la tapisserie.
A la sanguine.

DE NON

86 — Isabelle *Teatochi Marin*, d'après Mme Le Brun, in-8. —
Belle épreuve, marge.

DE SON (N.)

87 — Le Somptueux frontispice de l'Église Notre-Dame de Reims, ville du Sacre.
Superbe épreuve, avant l'adresse de L. Moreau.

88 — Lexcelent frontispice de l'Église de l'abbaye de Saint-Nicaise de Reims.
Très belle épreuve, avant l'adresse de L. Moreau.

DEVERIA (Achille)

89 — Naissance d'Henri IV, d'après Eug. Deveria.
Épreuve sur chine.

DIAZ (d'après N.)

90 — La Fée aux joujoux, — Le Génie et les Grâces, — Les Présents de l'Amour, — Vénus pleurant l'Amour mort.
Quatre pièces lithographiées par J. Laurens.
Très belles épreuves, sur chine.

DIVERS

91 — Vues de Paris, par Perelle, Aveline, Marot, Silvestre, et artistes du dix-huitième siècle. Quarante-deux pièces.

92 — Vues de Paris, par Prieur, Mme Pannier, Bonvalet, Delaval, Lantara, etc. Quinze pièces.

93 — Vues de France, gravures et lithographies. Trente-six pièces.

DREVET (P.)

94 — Louis le Grand, d'après H. Rigaud, en pied et manteau royal.

Très belle épreuve, mais doublée et sans marge.

95 — *Motteville* (Mme Héline de), d'après N. de Largillière (D., 98).

Superbe épreuve, avec marge.

DREVET (P.-J.)

96 — *Fénelon*, d'après Vivien (D., 16).

Très belle épreuve.

DUBOIS-TESSELIN

97 — Avant l'attaque, d'après Protais.

Belle épreuve.

DUJARDIN (Karel)

98 — La Brebis et son agnelet. (B., 42). Deux épreuves, dont une avant le numéro, — Les Mulets (B., 2). Trois pièces.

DURER (Albert)

99 — Le Petit courrier (B., 80).

Très belle épreuve.

DYCK (Ant. Van)

100 — *Pontius ou du Pont* (Paul), graveur. (Dutuit, 9).

Très belle et rare épreuve du second état, avant la lettre.

DYCK (d'après Ant. Van)

101 — *Callot* (Jacques), par L. Vorsterman.

Belle épreuve.

102 — *Iones* (Inigo), par R. Van Vœrst.

Très belle épreuve du deuxième état, avant le nom du graveur. Le premier état est avant la lettre.

ÉCOLE FRANÇAISE DU XVIIIᵉ SIÈCLE

103 — Le Négligé, — La Toilette. Deux pièces en couleur faisant pendants.

Très belles épreuves. Rares.

ÉCOLE FRANÇAISE DU XVIIIe SIÈCLE

104 — Estampes diverses par et d'après Watteau, Lancret, Boucher, etc. Huit pièces.

ÉCOLE ANGLAISE

105 — Jeune femme coiffée d'un grand chapeau, écrivant, en couleur, de forme ovale.

Très belle épreuve.

EDELINCK (G.)

106 — *Ghérardi* (Evariste), dit l'Arlequin, d'après J. Vivien (R. D., 214).

Belle épreuve.

107 — *Louis XIV*, roi de France (R. D., 248).

Belle épreuve, avec l'adresse d'Odieuvre.

108 — *Poisson* (R.), comédien, d'après J. Netscher (R. D., 299).

Très belle épreuve.

EICHENS (H.)

109 — Martyre chrétienne, d'après Paul Delaroche.

Superbe épreuve avant la lettre, sur chine.

EISEN (d'après (Ch.)

110 — *Louis-Auguste*, dauphin, par Massard, pour un en-tête de page.

Épreuve tirée hors texte.

111 — *Mareilles* (P. B. H. de Letancourt, comtesse de), par de Longueil, in-4.

Très belle épreuve.

FICQUET (Étienne)

112 — *Corneille* (Pierre), d'après Ch. Le Brun (F., 34).

Très belle épreuve.

113 — *Descartes* (René), d'après F. Hals (39).

Très belle épreuve.

FICQUET (Etienne)

114 — *La Fontaine* (Jean de), d'après H. Rigaud (F., 61).
Superbe épreuve avant les noms des artistes.

115 — Le même personnage, d'après le même (F., 62).
Très belle épreuve, sans marge.

116 — *Molière*, d'après Coypel (F., 101).
Belle épreuve.

FLAMENG (L.)

117 — *Meryon* (Ch.), représenté assis sur un lit.
Superbe épreuve avant la lettre, sur Japon.

118 — Le même portrait.
Très belle épreuve.

119 — *Meyer* (Mlle), d'après Prud'hon.
Belle épreuve avant la lettre, sur chine.

FLAMENG et JACQUE

120 — Boulevard du Temple, — Église Notre-Dame, — Pont au Change, — Pont de la Tournelle, etc. Cinq pièces.

FORSTER

121 — Raphaël, d'après lui-même, in-fol.
Épreuve avant toute lettre, sur chine, avec dédicace à Leisnier.

FRAGONARD (d'après H.)

122 — L'Agréable illusion, de forme ovale, gravé en couleur, par Mixelle.
Très belle épreuve, sans marge.

123 — Le Boudoir, par Marchand.
Superbe épreuve. Très rare.

124 — Le Chiffre d'amour, par N. de Launay.
Superbe et très rare épreuve, avant la lettre et avant la bordure.

125 — Le Verrou, par Blot.
Superbe et rare épreuve avant la dédicace et avec les noms des artistes à la pointe.

FRAGONARD (d'après H.)

26 126 — Quatre gravures in-4 pour les *Contes de La Fontaine*, édition Didot.

Belles épreuves.

FREUDEBERG (d'après S.)

127 — Le Petit jour, par N. de Launay.

Superbe épreuve avant la dédicace.

128 — Le Lever, par Romanet.

Belle épreuve, sans marge.

GAILLARD (F.)

129 — *Médicis* (Laurent de), d'après Antonello de Messine, in-4.

Épreuve avant la lettre.

GAUCHER (CH.-ÉT.)

130 — *Noyelles* (Marie-Augustine-Bernarde de Rasoir, baronne de), d'après de Pasche (125).

Très rare épreuve avant la lettre, non entièrement terminée.

GAULTIER (L.)

131 — Vue de Paris à vol d'oiseau, in-4 en largeur.

Belle épreuve.

132 — *Bouchart* (Alexandre), d'après Dumonstier, — *Gamaches*, professeur de théologie, — *Henri IV*, équestre. Trois portraits in-4 et in-8.

Belles épreuves.

GAVARNI

133 — La Chanson de table, — Le Foyer, — Le Lansquenet, — La Présentation. Suite de quatre pièces. La dernière est lithographiée par Charpentier, d'après Gavarni.

Très belles épreuves.

GELLÉE (CLAUDE)

134 — La Danse au bord de l'eau (R. D., 6).

Très-belle épreuve, marge.

GELLÉE (Claude)

135 — Le Port de mer à la grosse tour (R. D., 13).
Bonne épreuve.

GÉRICAULT

136 — Études de chevaux. Huit pièces.

GIRARDET

137 — La Cinquantaine, d'après L. Knaus.
Épreuve sur chine.

GOLTZIUS (H.)

138 — *Forestier* (Pierre), médecin (B., 169).
Très belle épreuve.

139 — Une Femme en buste (B., 191).
Superbe épreuve. Rare.

140 — *Decker* (Catherine), (B., 210).
Superbe épreuve, avant les éraillures sur la planche.

141 — Le Triomphe de Galathée, d'après Raphaël (B., 270).
Superbe épreuve avant l'adresse de J.-C. Visscher.

GREUZE (d'après J.-B.)

142 — Le Baiser envoyé, par Aug. de Saint-Aubin.
Rare épreuve à l'état d'eau-forte, marge.

143 — Le Paralitique servi par ses enfants, — La Dame bienfaisante. Deux pièces gravées par Flipart et Massard.
Belles épreuves.

144 — La Savonneuse. par Danzel.
Superbe et rare épreuve avant toutes lettres.

145 — Etudes de têtes, gravées par Ingouf. Quatre pièces.
Belles épreuves.

GUYOT (A Paris, chez)

146 — Tour du Temple ou nouveau logement occupé par Louis XVI le 13 août 1792, imprimé en bistre.
Très belle épreuve, avec marge. Rare.

HADEN (S.)

147 — Vue de la Tamise.

Belle épreuve.

HUBERT (J.-J.)

148 — *Oligny* (Mlle d'), de la Comédie-Française, d'après M. Vanloo, in-fol.

Superbe épreuve avant toutes lettres, les noms des artistes tracés à la pointe, marge.

INCROYABLES

149 — Les Incroyables, par Tresca, d'après Vernet.

Très belle épreuve.

150 — Point de convention, par Tresca.

Très belle épreuve.

151 — Quel est le plus Ridicule? — Rapprochement et Contraste des Costumes depuis 89, en couleur.

Très belle épreuve.

ISABEY (d'après)

152 — *Hubert-Robert*, par Miger, in-fol.

Belle épreuve.

JACQUE (Ch.)

153 — Son Œuvre, composé de quatre cent-neuf pièces, en épreuves de premiers états; quelques pièces sont doubles, avec différences.

Cette collection avait été formée par **M.** *Villevielle*, peintre, qui en avait dressé le catalogue, se trouve joint à cette collection.

154 — *Guiffrey*, auteur du Catalogue de l'Œuvre de Charles Jacques.

Deux épreuves avant la lettre, dont une portant le bon à tirer et la signature de l'artiste, 20 juillet 66.

KAUFFMANN (Angelica)

155 — Hébé, pièce gravée à l'eau-forte.

Belle épreuve.

KAUFFMANN (d'après ANGELICA)

156 — La Danse, — La Toilette, — Cattullus and Lesbia, — Sainte Geneviève, etc. Cinq pièces, gravées par Bartolozzi, Scherwin, Barbié, etc.
Belles épreuves, dont deux en couleur.

157 — Veillez Amans si l'Amour Dort, par F. Lorieux.
Belle épreuve.

158 — Jeune Femme portant un Coffret, par F. Bartolozzi.
Très belle épreuve avant la lettre.

159 — Sujets Mythologiques, gravés par Bartolozzi, Sandoz, etc. Quatre pièces.
Belles épreuves.

160 — *Harcourt* (Élizabeth Vernon Countess of), gravé par Ruotte sous la direction de Bartolozzi, in-4.
Très belle épreuve.

KOBELL, ZEEMANN ET VAN UDEN

161 — Vue de Hollande, — Marine et Paysage. Trois pièces.
Belles épreuves.

LALANNE (M.)

162 — Vues de Paris, gravées à l'eau-forte. Dix pièces.

163 — Vues de France, gravées à l'eau-forte. Douze pièces, en partie avant la lettre.

LANCRET (d'après N.)

164 — La Belle Grecque, par G. F. Schmidt.
Belle épreuve.

LANGLOIS (P.-G.)

165 — *Du Châtelet* (la Marquise), d'après Marianne Loir, in-8.
Belle épreuve.

166 — *Joly* (Marie-Élizabeth), du Théâtre-Français, in-4.
Belle épreuve.

LAUGIER (J.-N.)

167 — S. M. la reine *Hortense*, d'après Girodet, in-fol.
Belle épreuve.

LAVREINCE (d'après N.)

168 — La Comparaison, par Janinet (E. B. 12); en couleur.
Superbe épreuve.

169 — Le même estampe.
Superbe épreuve, sans marge.

170 — L'Indiscrétion, par Janinet (E. B., 27), en couleur.
Superbe épreuve.

LE BEAU et DUPIN

171 — *Raucour* (F. A. M. de), — *Contat* (Mlle), d'après Desrais, — *Dulcy* (Mlle), d'après L'Ainé. Trois portraits in-8.
Belles épreuves.

LE CARPENTIER (C.)

172 — *Fragonard* (Honoré), in-8, gravé à l'eau-forte.
Superbe épreuve, avec marge. Très rare.

LE FEBVRE (Claude)

173 — Portrait de l'Artiste (B. D., 1).
Superbe épreuve. Très rare.

LEISNIER

174 — *La Fornarina,* d'après Raphaël, in-fol,
Très belle épreuve avant toutes lettres, sur chine.

LE MIRE (N.)

175 — *Louis Seize*, d'après Duplessis, in-8.
Belle épreuve.

LEMOINE (d'après)

176 — Bethsabée au Bain, in-fol.
Belle épreuve avant toutes lettres.

LEMPEREUR (L.)

177 — *Lecomte* (Marguerite), d'après Watelet, in-4.
Très belle épreuve avant l'inscription autour de l'ovale.

LÉPICIÉ (B.)

178 — *Molière*, d'après Ch. Coypel, in-4.
Superbe épreuve avant toutes lettres.

LEPRINCE

179 — Scènes et Costumes de Russie. Seize pièces, imprimées
en bistre.

LEU (Th. de)

180 — *Arlensis* de Scudalupis (Pierre), astrologue (R. D., 301),
Très belle épreuve.

181 — *Caron* (Antoine), peintre (R. D., 330), — *Charron*
(Pierre), par L. Gautier, — *Henri IV*, d'après Bunel.
Trois portraits in-8° et in-4.
Belles épreuves.

LONGHI (G.)

182 — La Madeleine Couchée lisant, d'après le Corrège.
Très belle épreuve.

MALLET (d'après)

183 — Le Jour des Noces, — Le Lendemain des noces. Deux
pièces, gravées par Choubard.
Belles épreuves.

MARTIAL (P.)

184 — Vues de Paris, gravées à l'eau-forte. Deux cents pièces.

MASSARD (J.)

185 — *Gravelot* (Hubert), d'après de La Tour, in-4.
Très belle épreuve, marge.

MASSARD (R.-U.)

186 — Atala, d'après Girodet.
Épreuve avant la lettre.

MASSON (Ant.)

187 — *Turenne* (Henri de La Tour d'Auvergne, vicomte de).
Buste fort comme nature (R. D., 65). *Herm. A.*

  Superbe épreuve.

MEISSONNIER (E.)

188 — Les Petits Reîtres.
  Épreuve sur chine.

MERYAN (M.)

189 — Vues de Paris, tirées de la *Topographia Gallia*. Cinquante-deux pièces.

190 — Topographie de France. Cent vingt-deux pièces.

MERYON (Ch.)

191 — Le Petit-Pont.
  Très belle épreuve avant la lettre.

192 — La même estampe.
  Deux épreuves du tirage de l'artiste.

193 — La Pompe Notre-Dame.
  Épreuve sur chine, du tirage de l'artiste.

194 — Passerelle du Pont au Change, après l'incendie de 1621,
  — Tourelle rue de l'Ecole de Médecine. Deux pièces.
  Épreuves sur chine du tirage de la *Gazette des Beaux-Arts*.

MOMAL

195 — *Duchesnois* (Mlle), in-fol.
  Très belle épreuve. Rare.

MONSALDY

196 — *Enghien* (Henri de Bourbon-Condé, duc d'), d'après
  Mme N. Vallain, in-4, en couleur.
  Très belle épreuve.

MOREAU (E.)

197 — Vues de la ville de Reims, in-fol. en largeur, pour
  frontispice de livre.
  Très belle épreuve.

MOREAU (d'après L.-G.)

198 — Vue du Château de Madrid et du Pavillon de Baga-
telle près de Paris, gravé par Elisa Saugrain.

Très belle épreuve.

MOREAU (J.-M.) LE JEUNE

199 — Vue du Portail de la cathédrale d'Orléans, frontispice
du *Bréviaire d'Orléans*, de Mᵍʳ de Jarente.

Très belle épreuve.

200 — La même estampe.

Très belle épreuve, sans marge.

201 — La même composition, gravée en contre-partie par
C. Campion.

Très belle épreuve.

MOREAU (d'après J.-M.)

202 — Place de Louis XV, par J.-B. Tilliard.

Bonne épreuve.

203 — *Marie-Antoinette*, reine de France, gravé par E. Gau-
cher, pour les *Annales du règne de Marie-Thérèse*, in-8.

Superbe et très rare épreuve avant la lettre, tirage hors texte,
marge.

MORIN (J.)

204 — *Louis XIII*, d'après Ph. de Champagne (R.-D., 64).

Très belle épreuve.

MULLER

205 — Madame Muller tenant son enfant dans ses bras, in-fol.

Très belle épreuve avant la lettre.

NANTEUIL (ROBERT)

206 — *Scudery* (Georges de), de l'Académie française. (R.-
D., 221).

Très belle épreuve du premier état, marge.

207 — Le même portrait.

Belle épreuve.

NAUDET (d'après)

208 — Le Sérail Parisien, ou le bon ton de 1802, par Blanchard.

Belle épreuve.

NAUDET (A Paris, chez)

209 — La Désolation des filles de joye, 1778.

Superbe et très rare épreuve avant la lettre.

NELLI, (Nicolas)

210 — Médicis (Catherine de), in-4.

Très belle épreuve.

NIEL (Mlle Gabrielle)

211 — Hôtel-Dieu, — Rue de la Bûcherie, Ancienne faculté de médecine, etc. Cinq pièces, dont deux doubles.

OSTADE (Adrien Van)

212 — Le Vielleur (B. 8).

Épreuve avant le trait vertical sur le manche de la manivelle.

213 — Le Paysan payant son écot (B., 42).

Belle épreuve.

OUDRY (J.-B.)

214 — Le Chien braque en arrêt (R. D., t. V, page 192. nº 2).

Très belle épreuve du deuxième état.

PÉQUÉGNOT

215 — Vues de Paris, gravées à l'eau-forte. Dix-neuf pièces.

PERELLE et J. MAROT

216 — Vues de Paris, Blois et Versailles. Dix-sept pièces.

PETERS (d'après W.)

217 — A Parmesan Lady, — A Venetian Lady. Deux pièces faisant pendant, gravées par J.-R. Smith.

Très belles épreuves.

PHOTOGRAPHIES

218 — Vues de Paris. Quinze pièces.

219 — Vues de France. Vingt-cinq pièces.

PICART (B.)

220 — *Luxemboury* (le maréchal de), in-8 en largeur.
Très belle épreuve.

PIRANESI

221 — Vues et ruines de Rome. Cent pièces grand in-fol., en
très bel état de conservation.

222 — Églises, Palais et Hôtels de Rome. Cinquante-neuf
pièces in-8 et in-4.

POLLET

223 — Musset (Alfred de), d'après Landelle.
Très belle épreuve avant la lettre, sur chine.

PORPORATI

224 — Le Bain de Léda, d'après le Corrége.
Superbe épreuve avant la lettre.

225 — Le Devoir naturel, d'après Lavy.
Belle épreuve.

226 — Vénus caressant l'Amour, d'après Battoni.
Très belle épreuve avant la lettre.

POTTER (Paul)

227 — Le Vacher (B., 14).
Belle épreuve.

PRUD'HON (par et d'après P.-P.)

228 — L'Enlèvement d'Europe (Cat. de l'œuvre de Prud'hon,
par M. de Goncourt, n° 3).
Très belle épreuve.

229 — Une Lecture (7).
Belle épreuve.

PRUD'HON (par et d'après P.-P.)

230 — Joséphine, impératrice des Français, gravé par Blanchard fils (13).
  Très rare, épreuve avant la lettre, sur chine.

231 — S. M. le Roi de Rome, gravé par Achille Lefèvre, infol. en largeur (16).

232 — Le Roi de Rome, gravé par Roger (25).
  Belle épreuve.

233 — Joseph et la femme de Putiphar. Deux compositions différentes, par Boilly et Eugène Leroux (29 et 30).
  Belles épreuves.

234 — La Vengeance de Cérès, gravé par Copia (37).
  Très belle épreuve avant la lettre, les noms d'artistes à la pointe.

235 — Vénus et Adonis, par Boilly (39), — Vénus au bain, par Boilly (40). Epreuve avant la lettre, — Le Triomphe de Vénus, par Aubry-Lecomte (42). Trois pièces.
  Très belles épreuves.

236 — L'Enlèvement de Psyché, par H.-Ch. Muller (43).
  Epreuve avant la lettre.

236 bis — La même composition lithographiée, par Aubry Lecomte. Deux pièces.

237 — Le Zéphire, par Laugier (41).
  Deux épreuves avant la lettre.

237 bis — La même composition par Grevedon et une sans noms d'artistes. Quatre pièces.

238 — Apollon et les Muses. Suite de onze pièces y compris le titre, lithographiés par J. Boilly (45).
  Très belles épreuves.

239 — Apollon et les Muses, par Boilly (45). Cinq pièces.

240 — Pâris et Hélène réconciliés par Vénus. Lithographié par Soulange-Teissier (46).
  Très belle épreuve.

PRUD'HON (par et d'après P.-P.)

241 — Mange, mon petit, mange, — Oh ! les jolis petits chiens (50-51). Deux pièces in-fol. faisant pendants, gravées par B. Roger.

Très belles épreuves avant la lettre, avec dédicace du graveur à Bovinet.

242 — Innocence et Amour, par Villerey (52).

Très belle épreuve avant la lettre et les armes.

243 — La Toilette, lithographie par Maurin (54).

Belle épreuve.

244 — Minerve alimentant les arts et les sciences, gravé par Mlle A Bleuze (55).

Très belle épreuve, marge.

245 — Le Cruel rit des pleurs qu'il fait verser (57), — L'Amour réduit à la raison (58). Deux pièces faisant pendants, gravées par Copia.

Très belles épreuves avant la lettre, avec les noms d'artistes à la pointe.

246 — L'Innocence préfère l'Amour à la Richesse, d'après Mlle Mayer, par Roger.

Très belle épreuve avant la lettre.

247 — Le Repentir (60), — L'Egratignure (63), — Thémis (75). Trois pièces, par J. Boilly.

Belles épreuves.

248 — Constitution française, par Copia (67).

Très belle épreuve.

249 — La Liberté, par Copia (70).

Très belle épreuve.

250 — Le Triomphe de l'empereur, lithographié par Maurin (73).

Très belle épreuve avant la lettre.

251 — La Justice et la Vengeance divine poursuivant le crime, par Gelée (77).

Epreuve avant la lettre.

La même composition, lithographiée par Moitte. Deux pièces.

252 — La Raison parle et le Plaisir entraîne, par Roger (78), — La même composition, lithographiée par Bellenger. Epreuve avant la lettre. Deux pièces.

253 — Le Matin, le Midi, le Soir, la Nuit, par J. Boilly (90), — Les Saisons, par J. Boilly (91-92).

Belles épreuves.

254 — Les Petits dévideurs, par Aubry-Lecomte (112), — Caprices, par L. Boilly (114), — La Justice, par Eugène Leroux (118), — La Soif de l'or, par Aubry-Lecomte (141). Quatre pièces.

Belles épreuves.

255 — Trois vignettes, grand in-4, gravées par Roger, appartenant à l'édition de *Daphnis et Chloé*, donnée par Didot en l'an VIII (121-123).

Très belles épreuves avant la lettre, marges.

256 — Daphnis et Chloé, in-8, par Roger (126).

Très belle épreuve.

257 — Abrocome et Anzia, par Roger (127).

Très belle épreuve avant la lettre, avec les noms d'artistes à la pointe.

258 — Aminta, Sylvie et le Satyre, in-8, gravé par Roger (128).

Belle épreuve.

259 — Suite de quatre gravures in-4 pour l'Illustration de *l'Art d'aimer*, par Bernard ; édition publiée en 1797 par Didot l'aîné, — Phrosine et Mélidore, — Choisir l'objet, — L'Enflammer, — En jouir, gravées par Prud'hon et Copia (4 et 129 à 131).

Très belles et rares épreuves avant la lettre, dont trois à grandes marges.

PRUD'HON (par et d'après P.-P.)

260 — Ma Fille, respecte les cheveux blancs de ton malheureux père, par Copia (135), — Ministère de la police générale, par B. Roger (151). Deux pièces.

261 — Stellina surprise au sortir du bain, par Édouard (La Grotte), gravé par Roger (140).

> Très belle épreuve avant la lettre, avec les noms d'artistes à la pointe.

262 — Naufrage de Virginie, gravé par Roger, in-4 (142).

> Très belle épreuve avant la lettre, avec les noms d'artistes à la pointe.

263 — Apothéose de Racine, gravé par Marais (143), in-fol.

> Superbe et très rare épreuve du premier état, avant toutes lettres et avant quelques travaux.

264 — Adresse de Merlen, gravée par Roger (155).

> Très belle épreuve. Rare.

265 — Fac-similé d'un dessin de P. P. Prud'hon pour l'adresse de la veuve Merlen, par Bellenger (157). Trois épreuves dont une avant la lettre. — Carte d'entrée d'un concert ou d'un bal, par Bellenger (158). Quatre pièces.

266 — Vénus et l'Amour, par Roger (159).

> Très belle épreuve, grande marge.

267 — Le Dessinateur, par Noel (165).

> Très belle épreuve avant la lettre.

268 — La Coquette espagnole, par Prud'hon fils (179), — La même composition, lithographiée par Aubry-Lecomte sous ce titre : La Volupté. Deux pièces.

> Très belles épreuves avant la lettre; la première est imprimée en couleur.

269 — L'Amour, par Bellengé (168 bis), — La Pudeur (187), — Marguerite, par Aubry-Lecomte (190). Trois pièces.

270 — Les Vendanges, par Aubry-Lecomte.

> Épreuve sur chine.

271 — Sujets divers. Neuf pièces.

PRUD'HON (par et d'après P.-P.)

272 — En-têtes : Gouvernement français, — Bonaparte, premier consul de la République. Deux pièces gravées par Roger.

PRUNEAU

273 — *Favart* (Mme), dans le rôle de Roxelane, d'après Simonet, in-4.

> Très belle épreuve.

RAFFET

274 — Allocution devant Augsbourg (62^r), — Waterloo (63^r). Deux pièces faisant pendant, très grand in-fol, en largeur.

> Superbes épreuves. Très rares.

275 — Napoléon en Égypte. Affiche pour le poème de Barthélemy et Mery (119^r).

> Très belle épreuve.

REGNAULT (d'après)

276 — La Volupté. Deux épreuves, dont une en couleur.

> Très belles épreuves, sans marge.

REGNAULT

277 — *Messonnier* (E.), célèbre peintre contemporain.

> Superbe épreuve avant toute lettre, sur chine.

REMBRANDT (P. Van Rijn)

278 — Portrait de Rembrandt aux cheveux courts et frisés (B. et Cl., 26., Ch. Bl., 216).

> Très belle épreuve.

279 — Gueux assis sur une motte de terre (B. 174, — Cl. 171, Ch. Bl. 136).

> Très belle épreuve du premier état, avant que les tailles dans le fond aient disparu, et avant le nom de Rembrandt, écrit en toutes lettres.

280 — Jeune homme assis et réfléchissant (B. 268, — Cl. 265, — Ch. Bl. 258).

> Très belle épreuve.

REMBRANDT

281 — Buste de vieille d'un beau caractère (Portrait de la mère de Rembrandt) (B. 354, — Cl. 343, — Ch. Bl. 193).
Très belle épreuve.

REYNOLDS (d'après sir J.)

282 — *Keppel* (Elizabetha), fille du comte d'Albemarle, par Fisher, in-fol., en pied.
Superbe épreuve, avec une petite marge.

RIGAUD (J.)

283 — Vues de Paris. Vingt pièces.
Anciennes épreuves.

284 — Vues des châteaux de France. Trente-deux pièces.

ROCHEBRUNE (O. DE)

285 — Cour intérieure du château de Blois, — Escalier du château de Blois,—Abside de Notre-Dame de Paris. Trois pièces ; les deux dernières avant la lettre.

ROGER (B.)

286 — *Marie-Antoinette* de Lorraine, d'Autriche, reine de France, d'après Roslin. In-fol. en pied et grand costume de cour.
Superbe épreuve avant la lettre, sur chine, toute marge.

287 — Le même portrait.
Superbe et ancienne épreuve, avec la lettre, toute marge.

ROMANET (A.)

288 — *Vence de Saint-Vincent* (Dame Julie de Villeneuve), petite-fille de Mme de Sévigné, in-4.
Très belle épreuve.

ROWLANDSON

289 — Une Loge d'artistes en province, en couleur.
Très belle épreuve. Rare.

RYDER (T.)

290 — Jane Shore, d'après Langham.

Très belle épreuve.

SAINT-AUBIN (d'après G. DE)

291 — Les Plaisirs de la veillée. Deux épreuves, dont une
d'ancien tirage. — Une vente de tableaux. Trois pièces.

292 — Les Filles de Joye rasées.

Épreuve avant la lettre.

SAINT-AUBIN (AUG. DE)

293 — Comptez sur mes serments, — Au moins soyez discret.
Deux pièces faisant pendants.

Superbes épreuves, avec marges.

294 — Louise Émilie, baronne de ..., — Adrienne Sophie,
marquise de .... Deux pièces faisant pendants.

Très belles épreuves.

295 — Vénus Anadyomène, d'après Titien.

Très belle épreuve du deuxième état.

SAINT-AUBIN (d'après AUG. DE)

296 — Le Bal paré, — Le Concert. Deux pièces faisant pendants, gravées par A. J. Duclos.

Superbes épreuves avant l'adresse de Chéreau, avant les mots
« Graveur du roi, dessinateur et graveur de S. A. S. Mgr le duc d'Orléans », à la suite du nom de Saint-Aubin, pour la première, et avant
les mots : «Graveur du roi » à la suite du nom de Saint-Aubin pour la
seconde. La dédicace et les armes ont été couvertes d'encre par des
traits de plume.

297 — Odalisque ou favorite du Sultan, par Mme Lingée
(E. B. 409).

Superbe épreuve imprimée en bistre, marge.

SAVART (P.)

298 — *Boileau-Despréaux* (N.), d'après Rigaud (F., 4).

Très belle épreuve du premier état.

SAVART (P.)

299 — *Racine* (Jean), d'après Santerre (F., 30).
Très belle épreuve avec la première adresse.

SCHALL (d'après)

300 — Les Espiègles, par Descourtis, en couleur.
Très belle épreuve, sans marge.

SCHMIDT (G.-F.)

301 — *Clairon* (Mademoiselle), de la Comédie Française, in-4.
Belle épreuve.

302 — *Mignard* (Pierre), d'après H. Rigaud (J., 59).
Superbe épreuve avant l'astérisque.

SCHONGAUER (Martin)

303 — La Cinquième des Vierges Folles (B., 86.)
Superbe épreuve.

SCHUPPEN (P. Van)

304 — *Deshoulières* (Mme), d'après Sophie Chéron, in-8.
Belle épreuve.

305 — *Pontis* (Messire Louis de), d'après Champagne, in-8.
Belle épreuve.

SCUPEL (J.-A.)

306 — Vue de la Cathédrale de Strasbourg. Grande pièce en
hauteur.
Très belle épreuve.

SERGENT (d'après)

307 — Vues de Paris, gravées en couleur, par Le Campion.
N°s 64 et 104 de la suite.

SILVESTRE (Israel)

308 — Profil de la Ville de Paris. (76.)
Épreuve avec marge.

309 — Perspective de la Ville de Paris, veue du Pont des Tuileries. (77.)

SILVESTRE (ISRAEL)

310 — Archevêché (79), — Arsenal (80-1 et 2), — Augustins (81-1 et 3). Cinq pièces.

311 — Augustins (81-3), — Bastille (82-1-2 et 3), — Bernardins (83), — Bons-hommes (84-2), — Les Carmes (85), — Carmélites (86). Huit pièces.

312 — Chaillot (87), — Le Châtelet (88), — Cimetierre des Innocents (89), — Le Cours la Reine (91), — Les Feuillans (92), — Filles de l'Annonciate (93), — Filles de Sainte-Marie (94), — Fille du Mont-Calvaire (95). Huit pièces.

313 — Fontaine des Innocents (96).

Épreuve du premier état, avant l'inscription.

314 — Hopital Saint-Louis (97), — Hôtel d'Angoulême (98), — Hôtel-Dieu (101), — Hôtel de Luynes (102), — Hôtel de Nevers (103-2). Six pièces, dont une double.

315 — Hôtel Saint-Paul (104), — Hôtel de Soissons (105-2), — Hôtel de Sully (106-1 et 2), — Hôtel de Vendôme (107). Six pièces, dont une double. *Mis de Boisgelin*

316 — Hôtel-de-Ville (108-2), — Ile Louviers (109), — Ile Saint-Louis (110-1), — Jardin des plantes (111-1 et 2), — Jésuites (113). Six pièces.

317 — Le Louvre (115-3-4-5-6-7-8 et 10). Huit pièces, dont une double.

318 — Palais d'Orléans (Luxembourg), (117-1-2-3-4-5-6-7-8-9-10 et 11). Douze pièces, dont une double.

319 — Le Mail (118), — Maison de M. de Bretonvillier (119-1 et 3), — Maison du Faubourg Sant-Germain (121), — Eglise de la Mercy (124), — Notre-Dame (125-1-2 et 3). Huit pièces.

320 — Palais-Royal (127-1 et 2), — Place de Grève (128). Trois pièces.

321 — Le Pont-Neuf (130-1-2-4-5), — Statue de Henri IV et l'Isle du Palais (131). Sept pièces, dont deux doubles.

SILVESTRE (ISRAEL)

322 — Le Pont Saint-Landry (133), — Le Pont Saint-Michel (134). Deux pièces.

323 — Les Porcherons (135). Très rare.

Très rare.

324 — Porte Saint-Bernard (136-3), — Porte Saint-Denis (138), — Porte Saint-Honoré (139), — Quai des Augustins (140), — Quai de Gesvre (141), — Les Quinze-Vingts (142). Six pièces.

325 — La Sainte-Chapelle (145), — Saint-Denis de la Châtre (146), — Sainte-Elisabeth (147), — Saint-Germain-l'Auxerrois (149), — Saint-Germain-des-Prés (150-1 et 2). Six pièces.

326 — Saint-Laurent (151), — Saint-Martin-des-Champs (152), — Saint-Sauveur (153), — Saint-Sulpice (154), — La Savonnerie (156), — Saint-Victor (155). Six pièces.

327 — La Sorbonne (157-3 et 4), — Le Temple (158-1-2 et 3), — La Tour de Nesle (159-1-2 et 3). Huit pièces.

328 — La Tour-Neuve (160), — Les Tuileries (161-10-11-12-13-14-15 et 16). Dix pièces.

329 — Les Tuileries (161-2-2-5-6 et 9). Cinq pièces, dont une double.

330 — (Vues de France) : Alize (164), — Ancy-le-Franc (165-2-3-4-5 et 6). Sept pièces, dont une double.

331 — Arcueil (167-1), — Avignon (170-2-3-4), — Berny (173-1 et 2), — Blerancourt (174-2), — Boullongne (177). Dix pièces, dont deux doubles.

332 — Bourbon-L'Archambault (178-1-2 et 3), — Breves (180), — Bury (182), — Chantilly (187-1 et 2), — Charenton (189-1 et 2). Neuf pièces.

333 — La Grande-Chartreuse (192-1), — Chilly (194), — Clermont en Picardie (197), — Clairvaux (198), — Courance en Gastinois (204-1 et 2). Six pièces.

334 — Croissy (206-1), — Dijon (209-2 et 4), — Flavigny (214), — Fleville (215). Sept pièces.

SILVESTRE (Israel)

335 — Diverses veues du Chasteau et des Bastiments de Fontaine Belleau. Suite de dix pièces (216-1 à 10).

336 — Fontainebleau (216-11-12-13-14-15-16-19 et 21). Huit pièces.

337 — Fremont (218-1 et 2), — Fresnes (219-1 et 2). Six pièces, dont deux doubles.

338 — Gaillon (220-2-3 et 6). Quatre pièces, dont une double.

339 — Gondy (221-1 et 2), — Grenoble (222-2-3-5-6 et 9), — Grignon (223), — Gros-Bois (224-1 et 2), — Chasteau de Irois en Champagne (225-1 et 2), — Joigny (227), — Joyanville (228). Quinze pièces.

340 — Liencourt, Hôtel à Paris et Château (230-1-2-8-9-12-13-14-17-18-23-24-25-26-27-28 et 33). Seize pièces.

341 — Longchamp (231), — Lusigny (233-1 et 4). Trois pièces.

342 — (Vues de Lorraine): Nancy (232-1-3-4-5-8 et 10). Six pièces.

343 — Vues de Lyon (234-9 à 19). Onze pièces, d'une suite de douze.

344 — Vues de Lyon (234-22-23-24-27-30-33-34-35-36-37-38 et 42). Quinze pièces, dont trois doubles.

345 — Macon (235), — Madrid, près Paris (236-1 et 2), — Maisons (237), — Maremont (242). Six pièces.

346 — La Grande Eglise de Mantes (240).
Rare.

347 — Marlou (243-1-2 et 3), — Marseille (244-3), — Melun (248-2), — Meudon (250-1-2 et 3). Neuf pièces, dont une double.

348 — Meulan (251), — Montbard (256-1 et 2), — Montmartre (257), — Moret, près de Fontainebleau (260), — Moulins (261). Six pièces.

SILVESTRE (Israel)

349 — Nevers (263), — Notre-Dame-des-Vertus (266), — Pacy en Champagne (271-1 et 2), — Passy, proche de Paris (272), — Poissy (274-1 et 2). Neuf pièces, dont deux doubles.

350 — Pont en Champagne (275-1 et 2), — Pontoise (276-2 et 3), — Quincy en Champagne (278-1), — Reims (280-1 et 2). Sept pièces.

351 — Richelieu (281-1. 2. 4), — Le Rincy (282-1. 2 et 3), — La Roche-Guyon (283). Sept pièces.

352 — Rouen (286-3. 5. 6. 7 et 8). Cinq pièces.

353 — Ruel (287-2. 3. 5. 6. 7. 8. 9. 10. 11. 13. 14. 17. 19 et 20.). Dix-huit pièces, dont quatre doubles.

354 — Saint-Cloud (289-3. 4. 5. 6. 7. 8. 9 et 10). Huit pièces.

355 — Saint-Denis (270-1 et 4), — Saint-Florentin (291). Trois pièces.

356 — Saint-Germain en Laye (292-5. 6. 7. 8. 9. 12. 14 et 15). Neuf pièces, dont une doule.

357 — Saint-Joyre (293), — Saint-Maur (294), — Saint-Ouen (296-1), — Semur (300), — Sens (301). Six pièces.

358 — Tanlay (303-2. 4. 9. 12. 13 et 14), — Tonnerre (306-3. 5. 9 et 10). Dix pièces.

359 — Tournus (308), — Trevoux (309), — Valery (310), Venteuil (312), — Verderone (313), Le Verger en Anjou (315), — Verneuil (316-1. 2 et 3). Neuf pièces.

360 — Versailles (317-1), — Villeroi (319), — Vincennes (320-3 et 5). Cinq pièces, dont une double.

361 — Titres (323. 342. 346. 353 et 356). Cinq pièces.

362 — Vues d'Italie. Cent deux pièces.

Très belles épreuves du premier tirage, sur papier fin.

SILVESTRE (ISRAEL)

363 — Vue et perspective du chasteau de Versailles, de dedans lanti court. — Vue en perspective des cascades de Vaux. — Profil de la ville de Metz en Lorrraine, vue du costé de la porte Mazel. Trois pièces.

Très belles épreuves.

SMITH (d'après J.-R.)

364 — *Thompson* (Miss), par Jane Thompson, in-fol. en couleur. *Hed. h. Gut. Ght Sig. at Lac Gth*

Très belle épreuve.

SOLIS (VIRGILIUS)

365 — *Charles-Quint*, empereur (B. 428).

Très belle épreuve. Rare. *Gut. Gd.*

STRANGE (R.)

366 — Vénus bandant les yeux de l'Amour, d'après Titien.

Superbe épreuve, avec marge. *Herm. ch*

367 — Vénus, — Danaé. Deux pièces faisant pendanls, d'après Titien.

Superbes épreuves, toutes marges.

368 — Les Enfants de Charles Ier, d'après Ant. van Dyck. In-fol. en largeur. *Herm. ht Gute ch.*

Superbe épreuve.

TENIERS (D.)

369 — Le Joueur de mandoline, petite pièce gravée à l'eau-forte.

Belle épreuve.

TRESCA (J.)

370 — Roman nymphs, d'après Guttenbrunn.

Belle épreuve.

TROUVAIN (A Paris, chez)

371 — Madame de *Maintenon*. — Madame L. C. D. C. estant à l'église. — Madame la princesse de Bade. Trois portraits in-fol. en pied. *Pril. Gh.*

Belles épreuves,

TROUVAIN (A Paris, chez)

372 — Les Éléments, suite de quatre piècces.
Très belles épreuves.

VALLET (G.)

373 — *Corneille* (Pierre), d'après A. Paillet, in-fol.
Superbe épreuve.

VERMEULEN (C.)

374 — *Constantini* (Angelo), sous la figure de mezetin, en
pied, d'après F. de Troy.
Très belle épreuve.

VISSCHER (C. de)

375 — Le Gros Chat (Dutuit, 46). C. Visscherexcudit
Très belle épreuve.

WATTEAU (d'après Ant.)

476 — *Watteau* (Antoine), par F. Boucher, in-fol.
Superbe épreuve, marge.

377 — Bon voyage, par B. Audran.
Très belle épreuve, marge.

378 — La Cascade, par G. Scotin.
Superbe épreuve, marge.

379 — Le Conteur, par Cochin.
Très belle épreuve.

380 — La Danse paysanne, par B. Audran.
Superbe épreuve, marge.

381 — Détachement faisant alte, par Cochin.
Belle épreuve.

382 — Fêtes Vénitiennes, par Lau. Cars.
Superbe épreuve, marge.

WIERIX (Ant.)

383 — *Albert*, archiduc d'Autriche, en habit de cardinal, non
décrit.
Très belle épreuve.

WIERIX

384 — *Ernest*, archiduc d'Autriche, gouverneur des Pays-Bas (A., 1895).
Très belle épreuve.

385 — *Médicis* (Catherine de), d'après Marc Duval, in-8.
Superbe épreuve, une partie de la bordure coupée.

WILLE (J.-G.)

386 — Jeune joueur d'instrument, d'après Schalken.
Belle épreuve.

387 — *Largillière* (Marguerite-Elisabeth de), d'après Largillière, in-fol.

.WILLMAN et HALDENWANG

388 — Heidelberg. — Château de Heidelberg, dans l'intétérieur de la cour. Deux pièces.

ZEEMAN (R.)

389 — Pavillon de Mademoiselle, au Louvre. — Porte Saint-Bernard. Deux pièces.
Belles épreuves.

390 — Sous ce numéro, il sera vendu deux portefeuilles d'estampes diverses : Portraits d'acteurs et d'actrices des dix-huitième et dix-neuvième siècles, lithographies par Deveria, etc.

Imprimerie D. Dumoulin et Cie, à Paris.

www.ingramcontent.com/pod-product-compliance
Lightning Source LLC
LaVergne TN
LVHW020442060726
842525LV00005B/1500